KYOKO KANO
Super BEAUTY
Love & Sex

叶姉妹 公式携帯サイト「叶姉妹 SUPER BEAUTY」

携帯サイト「叶姉妹 SUPER BEAUTY」は主に女性を対象として叶恭子・美香の二人が実践するビューティメソッドを紹介、その他に書籍、映像作品などから厳選した画像、映像や新たに収録した素材を公開します。またメール登録会員には恭子さん・美香さんの二人から近況や海外トレンド情報などがつづられたメールが届くサービスも用意されています。

【利 用 料】月額315円（税込み・3キャリアとも）

【アクセス】

■ i-モード　メニュー／検索⇒ 芸能・グラビア・お笑い ⇒ タレント・芸能

■ EZweb　EZトップメニュー⇒カテゴリーで探す⇒音楽・映画・芸能⇒アーティスト

■ Yahoo!ケータイ

メニューリスト⇒ 芸能・映画・音楽 ⇒ 芸能・タレント・お笑い⇒ タレント・アーティスト

はじめに

これは、ＳＥＸの手引書ではありません

わたくしにとって とても自然なビューティとＳＥＸの関係を
わたくしの観点から書いたものです。
あなたがより美しく輝くことを望まれた時
ＳＥＸが大切なファクターであることを実感していただけることでしょう。

ここに書かれていることは基本的なことですから
すでに日常的に自然と行ってる方も数多くいらっしゃるでしょう。
ただ、そうである方も、そうでない方も
この本をお読みいただくことによって新鮮な驚きがあるかもしれません。

「ＳＥＸで美しくなる」

もちろんそれはイエスと申し上げてよろしいかもしれません。
ＳＥＸ＝《メンタルとボディに充実感を与える究極の愛のコミュニケーション》こそ、
女性の美しさにはとても大切なことなのです。

現代医学でも証明されているとおり、メンタルとボディは密接につながっています。

その両方に充実感を与えられる質の高いＳＥＸを行うことは、
ビューティにおいても、この上ない効果がもたらされる……。

これは疑いの余地がないことでしょう。

幸福なメンタリティー、ホルモンバランス、代謝の促進、それにともなう肌のハリツヤ……。

その恩恵は、計り知れません。

本書には、わたくしがこれまでの人生で得た、ＳＥＸの本質、
さらにあなたとパートナーが心の底から満足し、
愛の歓びをさらに深めるためのヒントを、段階に分けてお伝えしています。

しかし、これらはわたくしがこれまでの人生において得た、
わたくし自身のメイク・ラブ・フィロソフィーであり、メソッドの一部です。
あなたのそれに、必ずや当てはまるとは限りません。
ですから、それらのことをきちんと理解し、自分と照らし合わせ、
常に自分にベストな方向に向かおうとする"賢さ"を持って、
皆さんにお読みいただきたいと思います。

CONTENTS

Level 3

フォアプレイ① 前戯

Level 1

まず自分のからだを知る

- ♥まず、自分のからだを知りましょう
- ♥ご自身の女性器をよく知り、慈しんであげましょう
- ♥マスターベーションは自分のからだを知る重要な方法のひとつ
- ♥男性のからだを知る

まず、自分のからだを知りましょう

イントロダクションでも申しましたが、
充実したSEXは、女性の美しさにとても大切なことでしょう。
そして、その《充実したSEX》を実現するために
最も大切なのは、《クレバーな精神》であると、
わたくしは考えております。

《クレバーな精神》とは、様々な正しい情報を得て、
それを自分なりに使いこなすことができる精神のこと。
それができて初めて、充実したSEXが実現してくるのです。
そして、正しい情報を自分なりに使いこなす第一歩は、
まず、「自分を知ること」にほかなりません。

わかりやすく申し上げますと、
たとえば、美容ライターや周囲の反応も素晴らしく良い、
最新の美容クリームがあったとしましょう。
しかし、その正しい使い方を理解していなければ、効果も半減してしまいます。
そしてなんと申しましても、他人が"良い"と言ったからといって、
あなた自身の肌に本当に合うとは限らないのです。
自分自身をよく知り、正しい情報をきちんと理解し、
その中から自分にベストなセレクトを行う。
これは、素晴らしく甘美なSEXはもちろんのこと、
素晴らしい人生にも通じることです。
この章では、まず、基本的なからだのしくみ、
そして自分のからだを知るためのヒントをさしあげましょう。

ご自身の女性器をよく知り、慈しんであげましょう

わたくしたちは、毎日自分の顔を鏡で見ています。
しかし、ご自分の女性器をきちんと見たことがありますか？
じっくり見たことがない、と言う方がほとんどなのではないでしょうか？
しかし、「顔」は毎日見るのに、なぜ「女性器」は見ないのでしょう？
ご覧になるべきであると思います。
なぜなら、「顔」も「女性器」も、同じくあなたの一部なのですから。

お部屋に大きな鏡があれば、その前で大きく脚を開いて見てみてください。
手鏡などを使ってもかまいません。
鏡に映ったあなたの女性器は、いかがでしょうか？
複雑で繊細なフォルムは、まるで神が作った芸術品のようではありませんか……。
しかし、中には「美しくない部分。恥かしい」と言う方もいらっしゃいます。
しかしそれは、アンダーヘアのお手入れなどを怠っているからでは……？
あなたの女性器も、あなたの大切なボディの一部。お顔と同じように慈しんで、
清潔に美しく保つケア（Level 2参照）をご自身で施してはいかがでしょう。

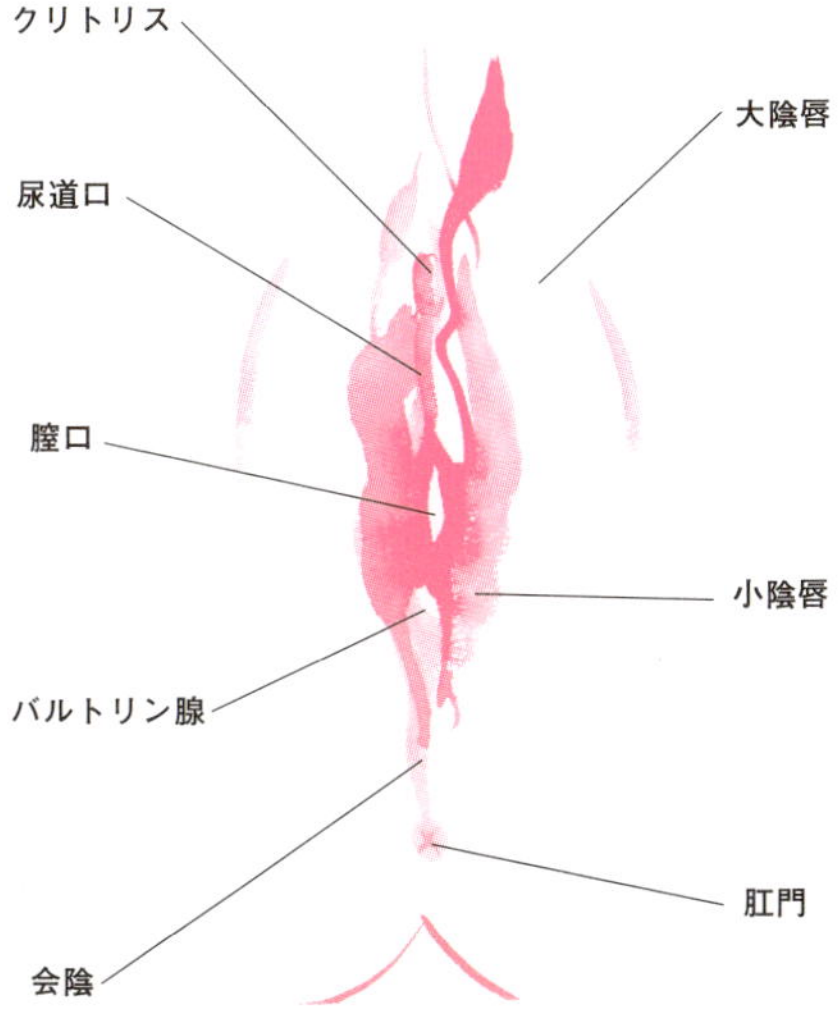

女性器のしくみ
クリトリスは神経が集中した、男性器のペニスに相当する部分。
性的興奮が高まると、膣口の左右にあるバルトリン腺から、愛液（ラブ・ジュース）があふれ出します。

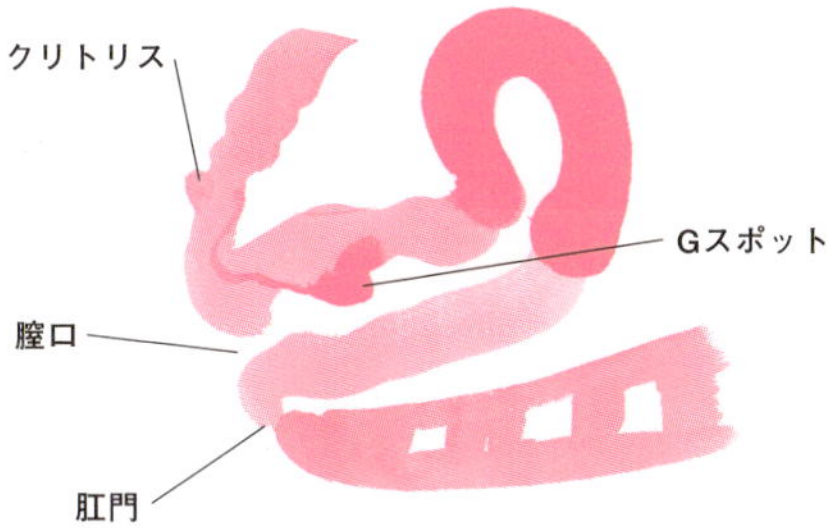

Gスポット
膣口から2～5cmほど中に入った、お腹側にある快感ポイント。男性における前立腺の変化したものと言われています。中指をちょうど第二関節まで入れた時に、指先にあたる、ザラザラした場所がその部分。
興奮するとアーモンド大に盛り上がり、確認しやすくなります。

マスターベーションは自分のからだを知る重要な方法のひとつ

マスターベーションは、自分自身のからだを知るために、とても重要なことだと思います。どこが一番感じるのか、どうすれば快感が高まるのか、ご自身が知っておくことは、ファンタスティックなメイク・ラブをクリエイトしていくためにもとても役立つことでしょう。

しかし、だからと言って、しなければならない！と、焦ったり身構えることはありません。

ベッドに横たわるなど、自分が最もリラックスできるポジションで、
ご自身のセックスファンタジーを膨らませるうちに、
自然の流れで…というように、リラックスし、
無理なくセクシーな気分を高めるのが理想的です。
また、バスタイムなどに、肌やボディの調子を見るのと同じように、
女性器の状態のチェックを行い（SEXチェック）、
ごく自然にマスターベーションにつながるケースも良いでしょう。

また、マスターベーションにエロティックなDVDや
書籍等を使う方もいらっしゃるでしょう。
理解した上で利用されている方はそれで良いと思いますが、
特に男性向けに作られたDVDや書籍には
バイオレンス的であるなど良質ではない物も少なくなく、
誤った知識を得ることで、
SEXに対するイマジネーションの低下につながることも否定できません。

女性には、挿入によって感じる「ヴァギナ型」と、
クリトリスが敏感で感じやすい「クリトリス型」、
そしてヴァキナとクリトリスの両方によって生まれる
「ハーモニー型」の人がいるようですが、
まず最初は、クリトリスを刺激するところから始めてみてはいかがでしょう。
クリトリスは男性で言えば、ペニスに相当する部分で、通常は包皮に包まれています。

まず、包皮全体を、人差し指と中指を使って、
リズミカルに大きく動かしてみましょう。
円を描くように、上下にさすったり……。
次第に溢れ出して来るラブ・ジュースも、
快感を高めるのに役立ちます。

指に絡めとり、滑らせるようにタッチを変えれば、
さらに快感が高まっていくのを感じるはずです。
また、ラブ・ジュースが少なめな方は潤滑ローションなどを使うと、
より無理のない動きができるでしょう。

これをしばらく行っていくうちに、
ふわりと浮いたような気持ち良さとともに、
クリトリスが男性器のように膨張してくるはずです。
もし、そうならない場合は、
動きの強弱やリズムを変えてみてください。
快感を探していく中で、あなただけのスペシャリティーな
エクスタシー・メソッドが発見できるはずです。
そして、体質やお好みで、
指を滑らせるようにヴァギナの中に入れてみましょう。

最初は浅く、そして深く…。
ここでも、中がどうなっているのか、どこが感じるのか、確認しながら。
特に、中指の第二関節まで入れた時に指先に当たる、
お腹側のザラザラした場所、Gスポットも刺激してみましょう。
そこを押す強さや角度で、感じ方がどう違うか試してみてください。

このGスポットでの快感を把握できれば、
SEXにおけるインサートをより楽しめるようになります。
リラックスしながら行うマスターベーションは、
自分自身を知るメソッド。
美しくなるSEXへの第一歩です。

男性（パートナー）のからだ（ペニス）を知る

男性器・ペニスはとてもセンシティブで不思議な生物です。
普段はあんなに柔らかいものが、ひとたび興奮を受けるや、
突然太く、大きく、硬くなるのですから。
《わたくしの前では大概の男性はすでに大きくなっていますが（笑）》

一般的に日本人のペニスのサイズは、平均で長さ14cm、太さ直径2.5cmと言われています。

見た目には、包皮が完全に剥けている完全型、平常時には包皮に包まれているが勃起時には包皮から出る仮性包茎、平常時・勃起時ともに包皮に包まれたままの真性包茎があります。（左図参照）。

完全に剥けているペニスは、西洋などの外国人に多く（割礼などの影響が大きい）、日本人男性の7〜8割は仮性包茎だと言われているようです。

KYOKO'S HINT

☆一般的なペニスの感じる部分

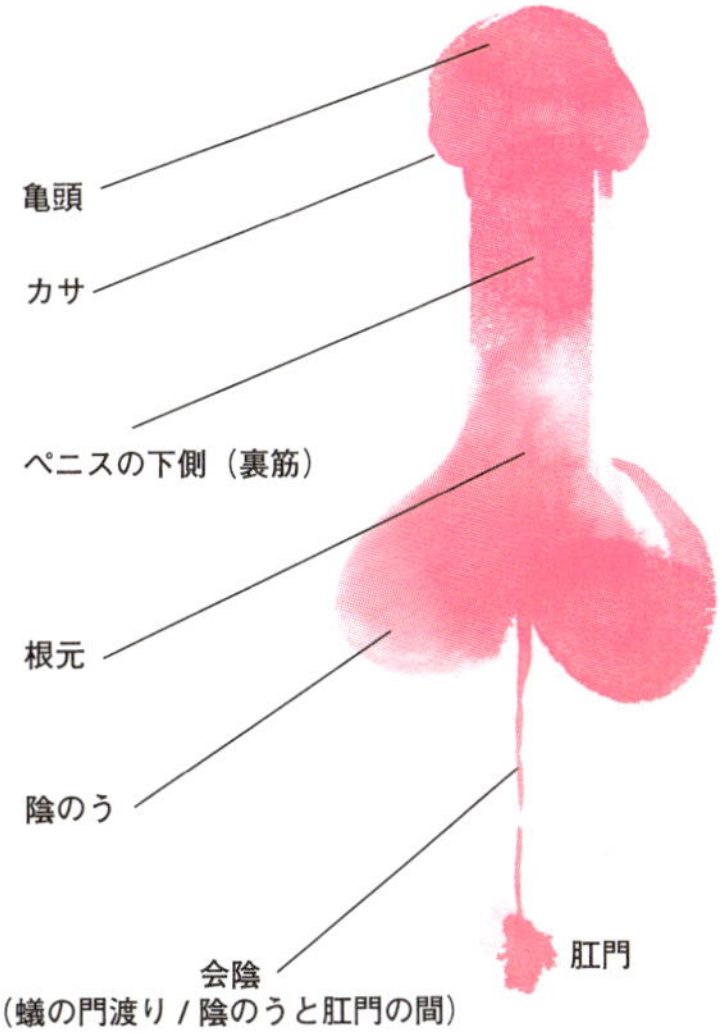

男性器のしくみ

一般的に、カサ、裏筋などが性感帯と言われている。

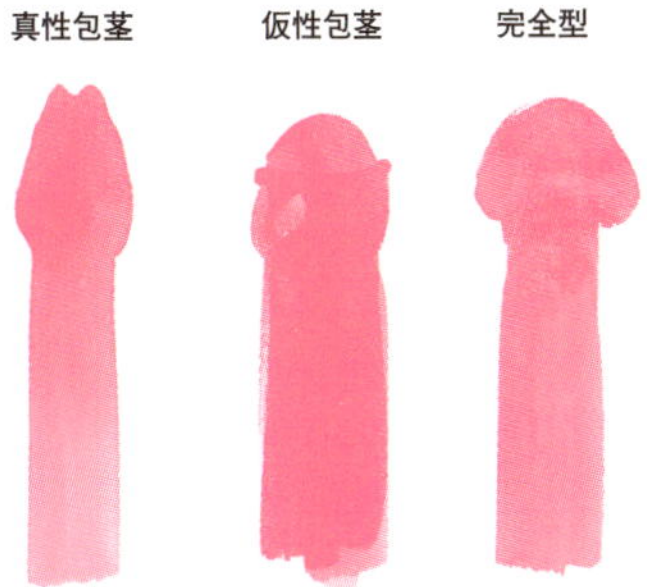

一般的に、完全型のペニスよりも、
仮性包茎のペニスのほうが膨張率が高いことが知られています。
包茎だからと言って、性能が劣ったりするわけでは全くありません。
ただ、包茎気味の方は、包皮と陰茎の間に汚れがたまりやすく、
インサート時にその汚れが膣内に入ることによって、
女性器の病気を引き起こすこともまれにあるそうです。
清潔を心がけることが大切です。

一般的に、ペニスの感じる部分は亀頭とその周辺の部分と言われています。
しかし、もちろん、人によって感じる部分は様々です。
パートナーと一緒に、
二人だけのスペシャルな性感帯を発見するのも楽しいものです。

Level 2

自分をさらによく知る

- 自分の女性器をコントロールし、鍛えることは、
  上質なSEX＝美しくなるSEXにつながります
- 自分の脳とからだをリンクさせることからスタートしましょう
- ラブ・トーイを使って
- 女性器を鍛えるエクササイズ
- 女性器＆ボディのお手入れ

自分の女性器をコントロールし、鍛えることは、上質なSEX＝美しくなるSEXにつながります

SEXは、単なる肉体的な行為ではありません。
パートナーと歓びをより深くシェアし、精神的にも肉体的にもひとつになることです。
そこから得られる素晴らしいエクスタシーが、あなたをより美しくするということは前述したとおりです。女性器をコントロールし、鍛えることによって、
あなたはパートナーをより深く夢中にさせることでしょう。
ここで言う「喜ばせる」とは、ただパートナーのために尽くす、という意味ではありません。
パートナーを「満足させ、喜ばせる」ことは、ひいてはパートナーがあなたを「満足させ、喜ばせる」ことにつながり、上質なSEX＝美しくなるSEXにつながります。
プラクティスの如何によっては、
パートナーにとって『離れられない』存在と思わせることもできるでしょう。
そしてもし、そうしたいのであれば、パートナーを自分の思いどおりに操縦することも可能です。
ヴァギナのカーブやシェイプ、締り具合を向上させるのは、ご自分のマッスル次第。
女性器をコントロールし、鍛えることは、
ヒップから内ももにかけてのマッスルを鍛えることにもつながり、
誘うような美しいヒップやボディも期待できます。

自分の脳とからだをリンクさせることから
スタートしましょう

女性器をコントロールするには、
まず「頭」と「ヴァギナ」をリンクさせるメンタルトレーニングが重要です。
その第一歩として、まず自分をよく知るために、こんな方法があります。

①スクィーズ法【1回分の尿を3～4回に分けて出す】

これは、産後のヴァギナの緩みをリカバーするために
欧米の産婦人科の先生が提案している方法のひとつなのですが、
出産経験のない女性にとっても、
ヴァギナをコントロールするステップとして有効です。

いつでもすぐ始められることと、
《自分の脳とからだ（＝ヴァギナ）をリンクさせる》感覚のスタートとして、
この方法はとても効果的だと思います。
尿意を我慢することは皆さんも経験があると思いますが、多くの方は、その時の状況を
「１回分の尿を３〜４回に分けて出す」ということは、尿意を意識的にストップさせること。
意識していらっしゃらないはずです。それがいざ、意識的に止めようとした時、
「自分は今までどのようにしてきたのか？」と改めて考えることができるでしょう。
そこから、《自分を知り、自分の脳とからだ（＝ヴァギナ）をリンクさせる》感覚は、
スタートしているのです。
このステップのポイントは、膣口と肛門をつなぐ８の字筋と言われる部分を意識すること。
この８の字筋を意識的に締めることが、ヴァギナコントロールの基本です。

女性器周辺の水平断面図
8の字筋・・・膣口と尿道口をとりまく筋肉と、肛門をとりまく筋肉は会陰部で交差して8の字を描く形でつながっています。

①【人差し指を膣に入れて、1回分の尿を3~4回に分けて出す】

実際にできるようになったら、次のステップに進みましょう。
ご自分の人差し指をヴァギナに入れてみるのです。
尿を止めた状態、そして尿を出している状態、
それぞれの場合のヴァギナの動きを、指の感覚で知りましょう。
実際に確かめてみることは、
(尿を)止める=(ヴァギナを)締める、
(尿を)出す=(ヴァギナを)緩める、といった、
女性器のコントロールにとても役立ちます。

以上は、入浴後や就寝前など、
からだが清潔でリラックスしている時に行うと良いでしょう。

ラブ・トーイを使って

マスターベーションで、
バイブレーターなどのラブ・トーイを使うことも、
ヴァギナ自身が、挿入物を感知し、その感覚を磨くために、効果的な方法のひとつです。
指を挿入した場合、そこには膣の感覚のほかに、
指そのものの感覚も加わり、
実はわかっているようで完全にはわかっていないことが多いのです。
ラブ・トーイは、当然自分の感覚とはリンクしていませんから、
ご自分のヴァギナが持つカーブやシェイプ、
さらに感じ方による動きを確認しやすいのです。

初めて使った場合、全部入りきったと思っていても、
実は入りきっていなかったというズレが生じることがあります。
それを少しずつ修正していく
（ヴァギナの感覚を研ぎ澄ましながら）ことができますと、
ペニスの先端ギリギリまで一度抜いてから、
再び挿入するという〝抜き差し〟のテクニックを
自在に行うことができるようになります。

ただ、バイブレーターの振動や動きは、
人間本来のものではない強い刺激です。
慣れすぎると、ひとによっては実際のメイク・ラブで
感じにくくなってしまうケースもあるようです。
それを注意し心得た上で、
楽しみながらヴァギナの感覚を磨くことは良いことではないでしょうか。

女性器を鍛えるエクササイズ

女性器の実力を上げるには、
ヴァギナ周囲や内もも、
さらに下腹のマッスルの質を上げること、
腰周りのマッスルを向上させることが
重要なポイントです。
それにより、腰周り、お腹周りの
シェイプアップも期待でき、
快感とともに美しさも
手に入れることができるのです。
ここでは、簡単にできる
エクササイズをご紹介しましょう。

【エクササイズ】

①ヴァギナのマッスルパワーをアップし、
ヒップアップするアップダウンエクササイズ

○仰向けに寝転び、脚を肩幅に開いて膝を立てる
○肩は床につけたまま、腰だけを上げ下げする
○セックスの際にも応用できる《8回1セット》

基本的なエクササイズです。

朝起きた時や就寝前などにベッドの中で行う習慣をつけられてはいかがでしょうか。※DVD参照

②ヴァギナのマッスルパワーをアップし、
下半身を締めるエクササイズ

○脚を肩幅に開いて立ち、両手を後頭部で軽く組む
○上半身をまっすぐ保ちながら、腰をローリングさせる
○左右行う

これは、騎乗位の際に役立つマッスルを鍛えることができます。

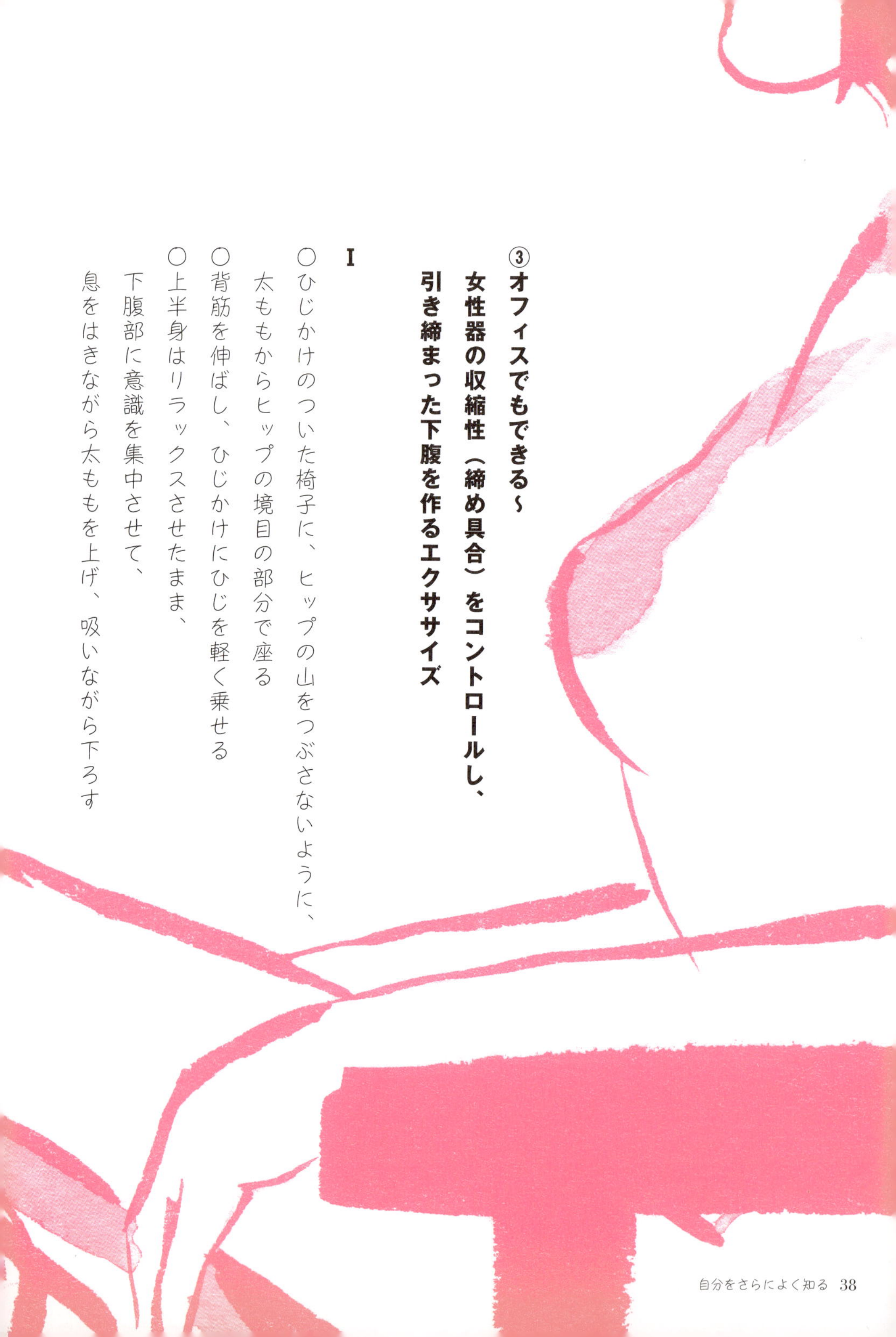

③オフィスでもできる～
女性器の収縮性（締め具合）をコントロールし、
引き締まった下腹を作るエクササイズ

I

〇ひじかけのついた椅子に、ヒップの山をつぶさないように、
太ももからヒップの境目の部分で座る
〇背筋を伸ばし、ひじかけにひじを軽く乗せる
〇上半身はリラックスさせたまま、
下腹部に意識を集中させて、
息をはきながら太ももを上げ、吸いながら下ろす

背もたれに寄りかかったり、
背中を曲げたりしないように
注意して行ってください。
下腹のマッスルも、
女性器の実力を上げるために不可欠な部分。
この部分がしなやかで強い筋力を持っていると、
膣内の部分締めもできるようになります。※DVD参照

Ⅱ

○【1回分の尿を3〜4回に分けて出す】の応用編です。
○尿を止める感覚＝（膣を）締める、尿を出す感覚＝（膣を）緩める、を習得したら、
実際に椅子に座ったままで、「締める＆緩める」を1セットとして50回やってみます。

しばらく間を置いて再び50回。

気が向いた時に何度でも行ってみてください。

Ⅲ

○8の字筋を意識しながら、階段をつま先で上がる
どんな場所でも誰にも気づかれずにできますので、気軽に行ってはいかがでしょう？

女性器&ボディのお手入れ

心もからだも開放できる愛に満ち溢れたSEX。のはずなのに、
「ヴァギナは見せたくない」「クンニリングスは恥かしくて嫌」
という方が意外と多くいらっしゃるようです。
もちろん、自分の大切な部分を見せるという行為は、
恥じらいをともなうことですが、シンプルな恥じらいはともかく、
その恥かしいという理由が《美しくない部分だから》というのであれば、
努力して女性器、局部も少々お手入れしてみてはいかがでしょう。
メンタル的に、違った開放感が得られるかもしれません。
前述いたしましたが、ヴァギナの周りも、
お顔と同じあなたの大切なボディの一部です。
普段は見せない大事な部分だからこそ、
なおいっそう愛情をかけて慈しむべきだと、
わたくしは考えています。
わたくしは、自分のボディを愛しています。
ボディはすべての場所がアートだと思っています。
もちろんプライベートな女性器、局部であっても。

【アンダーヘアのお手入れ】

アンダーヘアのお手入れは、皆さんもちろんなさっていることと思います。
最近ではブラジリアンスタイルという、
アンダーヘアを永久脱毛して、
すべてなくしてしまうスタイルがハリウッド女優を中心に流行しています。
わたくしは流行するずいぶん前から、ブラジリアンにしているのですが、
心地よくとても気に入っています。
皆さんは皆さんなりに、
最も心地良いスタイルにお手入れされることが一番だと思います。
もしブラジリアン・スタイルにしたい場合は、実際に脱毛する前に
一度ご自分で剃ってみてシミュレーションなさるのが良いでしょう。
その方その方によって、地形が細やかに異なるため、
前から見た場合に女性器が見えてしまっている方、
覆われている方がいらっしゃいます。
アンダーヘアがなくなった場合、
それが美しい景色になるかどうかをしっかり確認する必要があるでしょう。

【お肌のお手入れ】

特にブラジリアン・スタイルということもありますが、
わたくしは毎日のお手入れもお顔と同様、きちんとケアしています。
わたくし自身がお顔やデコルテのケアをする際に愛用している、
スペシャルなアイテムを使って、です。
肌をピンとハリのある状態にする、
ボトックス効果のあるジェルとクリームを、
太ももの内側、ビキニライン、女性器周辺に
ていねいになじませているのです。

少し贅沢に思われるかもしれませんが、
からだのどの部分であっても、
エイジングによるトラブルが起こる前にケアを行うことは
美しくあるための常識と言えます。
ご自分に最も適した美しく保つためのケアを行えば、
オーラルセックスも心から楽しめるようになるでしょう。

Level 3

フォアプレイ①　前戯

♥フォアプレイは、愛を深めるSEXへ二人を導く重要なプロセスです

♥フォアプレイ　女性から男性器への愛撫

♥フォアプレイ　男性から女性器への愛撫

■フォアプレイ■

フォアプレイは、愛を深めるSEXへ二人を導く重要なプロセスです

よく受ける質問なのですが、
パートナーを満足させたいのですがどうしたらよろしいのですか？と。
そのためにはまず、その方その方のパーソナリティーによって
好みも何もかもが違うということを知ること。
パートナーのメンタリティーを知ること。
そして常に、パートナーへの思いやりを忘れてはなりません。
お互いのからだを慈しみ合う愛撫こそが、実はSEXのメインディッシュであり、
その充実こそが真の喜びを生むと言っても過言ではありません。

KYOKO'S HINT

一般的に性感帯と言われる場所はいくつかありますが、まず、あなた自身がパートナーの性感帯を探してあげることも大切だと思います。

愛撫は、「ここがいいの？」「ここが気持ちいいの？」とささやきながらすすめていくと、相手もどこが感じるのか、どのようにして欲しいのか、素直に答えていくでしょう。

また、一部分ではなく、数箇所を同時に愛撫することで、新たな快感を発見できるはずです。

手、指、口、舌だけではなく、髪の毛、まつげ、乳房、乳首、足の指、脇の下など、ご自分のからだのあらゆる部分を使って愛撫してさしあげれば、新たな性感帯を見つけられるかもしれません。


ここでは男女両性ともに言われる一般的な性感帯と、その愛撫の方法をお伝えしましょう。

しかし、これはほんの一例です。

スキン（肌）

おろそかにされがちですが、
肌への刺激は、あらゆる範囲の性感を呼び起こします。
それは、ハグされているだけでも感じることができるでしょう。

唇

○軽く触れ合う
○唇を舐める
○舌を絡め合う
○口中を舐める（歯ぐきを舐める）
○舌を軽く噛む
乳首や性器などとおなじく、敏感な粘膜でできている敏感な部分。
唇と唇が触れるキスは、めくるめく快感への序章となるでしょう。
もちろんSEXの際に行うキスも、愛を深める媚薬になります。

耳

○耳たぶを噛む
○息を吹きかける
○全体を舐める
○耳元で聴こえるか聴こえないかぐらいの声でささやく

KYOKO'S HINT

これはあくまでわたくしの経験則なのですが、
耳が感じる方は乳首も感じることが多いようです。
耳への愛撫をくすぐったがるようでしたら、乳首への愛撫も意味がないかも
しれませんが、念のため試してみましょう。
もしあなたのパートナーが耳たぶが弱い方なら、同時に乳首を刺激してみると、
ご本人も知らなかった新しい快感を開発できるかもしれません。

乳房・乳首

○両手でやわらかく揉む
○円を描くように揉む、さする
○口に含み、吸う
○やさしく噛む
○舌の先で乳首をくるくるとなでる
○指で乳首をつまむ、つまみあげる
○（男性であれば）亀頭で刺激する……

乳首は性器に続いて敏感な部分です。感じてくると、次第に大きく硬く立ってきます。そっと触れただけで反応する方もいれば、荒々しく扱うと興奮する方もいます。まず、ソフトなタッチから始めましょう。

首筋、うなじ

○上下に舐める（舌先で強く、舌で大きく）
○なであげる
○強く吸うようなキス
○リズミカルに噛む

KYOKO'S HINT

服を着たままの状態での愛撫は、パートナーが強い刺激が好きなのか、
弱い刺激が好きなのかの判断基準にもなります。

シャツの上から乳首をやさしく爪で引っかく

〇シャリシャリしたシャツの上から、
　乳首をやさしく爪で引っかいてみます。
　強い刺激が好きな方ならば、自分からシャツを脱ぐでしょう。

ブリーフの上から、ペニスとその周辺を爪でやさしく引っかく

〇爪先で、弱い刺激を与えたり、強い刺激を与えたり、
手のひら全体を使ってさわさわと愛撫したり…。
わたくしの経験では、直接的な刺激よりも、
このような間接的な刺激のほうが好み、という男性も少なくありません。
パートナーの感じる部分を確認しながら行いましょう。

背中

○上から下へ、また下から上へ、舌で大きく舐める
○爪で軽く引っかくように上下に
○髪の毛を使ってなでる
○（女性であれば）乳房でさすりあげる

ヒップ

○つかむ　○揉む
○舌で強く舐めあげる
○強く吸う

へそ

○指で軽く刺激する
○舌を差し入れて刺激する
敏感な部分ですので、傷つけないよう気をつけながら行いましょう。

脇の下

○キスする　○舐める

手

〇指を一本一本舐める　〇爪の付け根部分を噛む
インサートしている際に、パートナーの指を吸うと、いっそう興奮が高まる場合もあります。

髪の毛

〇手でとかすように触る　〇キスする
また、髪の毛で相手のからだを愛撫すれば、手や口とは違った感触が、不思議な快感に。

足

〇指を一本一本舐める　〇足の裏をくすぐる、舐める
足の裏はくすぐったがる方もいれば、非常に興奮する方もいます。

KYOKO'S HINT

言葉もまた、欠かせない愛撫です。「愛している」などの甘いささやきはもちろんのこと、ひとによってはエロティックな言葉で興奮することも多いのです。
また、女性の感じている声は、男性をいっそう興奮させることでしょう。さらに、ボディローションをボディに塗り、滑らせるように愛撫する。蜂蜜や生クリーム、ジャムなどをボディに塗り、舌で舐めながら愛撫する、といったライトなアソビも。

フォアプレイ　女性から男性器への愛撫

フェレイシオ（フェラチオ）

わたくしの経験側から申し上げますと、いきなり愛撫を始めるよりも、ほかの性感帯を愛撫してからのほうが快感が高まる方の割合が多いようです。

太ももの付け根から、じらすようにペニスに移行しましょう。

そして、パートナーの好みを見つけてさしあげましょう。

フェレイシオの際は、ペニスに歯を立てないように気をつけます。

また、ペニスばかりに神経を集中しがちですが、ペニスはパートナーのからだの一部であるという気持ちで行いましょう。

そのほうがペニスも嬉しいはずですから。

（25Pの図参照）
○ペニスの下側（裏筋）を舌全体を使って舐めあげる
○亀頭を舌で舐める
○亀頭の付け根部分を強く舐める
○亀頭の付け根部分を上下の唇で強く挟む
○舌の先を硬くして、尿道口に差し入れる
○ペニス全体をすっぽりと口に含み、口の中で転がす
○亀頭を口に含み、舌の裏で刺激する
○ペニスを口いっぱいに含み、強く吸う
○ペニスを喉の奥まで入れ、喉の奥と口と舌を使ってピストン
○陰のうは、中身を潰してしまわないように、やさしく口の中で転がすような感じで。
（手の場合も同じく、手のひらでやさしく包みこみ、
揺りかごを揺らすようなつもりで動かしてみる）
○手でわっかを作るように根元を握り、グリグリと回す
○会陰（蟻の門渡り／陰のうと肛門の間）を舌で刺激するように舐める

これらはほんの一例です。フェレイシオを行う際には、ペニスの根元を握って行うと、
安定感もあることから好まれることが多いようです。
さらに口だけでなく、手…できれば両手を使って行うと、なお効果的です。
自分のからだの使える部分はすべて使って、愛を表現することもいいでしょう。たとえば、

○口でピストン運動をしながら、片方の手で根元を握り、片方の手で陰のうを愛撫する
○手でペニスを左右に動かしながら、亀頭を舌で刺激する。
片方の手は、陰のうか蟻の門渡りを刺激する
○逆に、陰のうや蟻の門渡りを刺激したい場合は、ペニスへの愛撫をソフトにします
○また、乳房が大きい方は、乳房の間にペニスを挟みこみ、
上下にしごくのも良いでしょう。男性は、その視覚からも興奮するようです。
余裕があれば、乳房の間でペニスを挟みながら、亀頭を舌で舐めるのも効果的。

など、様々な方法が考えられます。

KYOKO'S HINT

～ローリング・フェレイシオ～

ペニスが回転させられているような感覚を起こさせる（ローリング）愛撫は、いっそう高い刺激を与えることができます。

［基本の口の形］

唇を、《アイウエオ》の「ウ」の形にすぼめる。
舌は、普段の口を閉じている場合の通常の位置に置く。
舌先を下唇の内側に軽く乗せる感じにするとよいでしょう。
唇と舌の合わせ技が、いっそう深い快感を呼び起こします。

［流れ］

まず、舌先に亀頭が当たるような感じで、ペニスを口に入れます。
唇と舌に力を入れて、ペニスに這わせます。
力の加減は、パートナーの好みに合わせてください。
ただ、舌だけは立たせる感じで力を入れておきましょう。
口の形を保ちながら、亀頭の周りをクルクルと回転させるように刺激します。

一方向だけでなく、逆の方向にも回転させましょう。
ペニス全体を、回転させるように刺激します。
慣れてきたら、ペニス全体を大きく回転させるように行います。
この時も、片方の手で根元を握り、片方の手で陰のうを愛撫すると
効果的です。

このローリング法は、手による愛撫でも応用できます。
回転を加えながら上下に刺激することによって、
ただ上下に動かすだけでは味わえない深い快感を与えることができます。

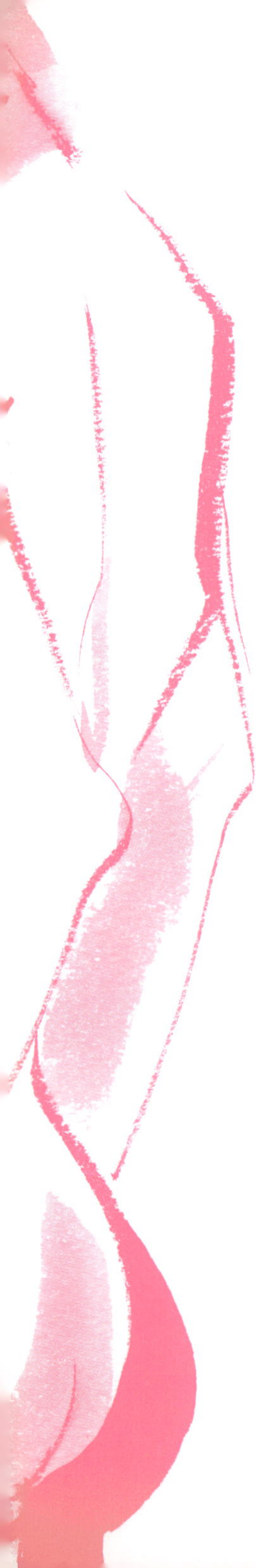

☆プラクティス☆

スポーツなどにおいてもそうですが、
フェレイシオも練習を重ねたほうが上手にそれを行うことができます。
もしフェレイシオの技を向上させたい場合は、
皮を剥いたバナナやキュウリなどを使ってみるのも良いでしょう。
また、舌の動きが知りたい場合は、指を2〜3本口に咥えて、
確認してみるのも良いでしょう。
ところで、男性は複雑な生き物です。パートナーがいる場合、
急にフェレイシオが上手くなっていると
「浮気しているのでは？」などといらぬ勘繰りをされることもあるかもしれません。
その場合は、「あなたのために練習したのよ」と、
きちんと告げたほうが良いかもしれません。

☆フェレイシオのパスチャー（体位）☆

様々な方法がありますが、わたくしの場合は、
わたくしがチェアに座り、パートナーを立たせて行うのが好みです。
この体勢ですと、男性の感じる部分、ペニスの裏側、陰のうなどを、
最も良いポジションでありながら、口と両手も使いやすくよりディープに、
効果的に愛撫することができるからです。
パートナーとの身長差などを考慮しながら、
あなたもベストポジションを探されてはいかがでしょう？

フォアプレイ　男性から女性器への愛撫

いきなり愛撫を始めるよりも、
ほかの性感帯を愛撫してからのほうが、快感が高まるようです。
女性器を愛撫する場合も、下腹部をヘアのラインにそって
やさしくなでる。外陰部のほうから、次第にクリトリス、そしてヴァギナへ……
とじらすように移行しましょう。
ここで大切なことは、パートナーの好みを見つけ出すことです。
反応に合わせて、あらゆる方法を試してみましょう。
女性器は、非常にナイーヴな部分です。愛撫する際には手を清潔にし、
傷つけないように爪を切っておきましょう。

恥丘

女性が感じるのは、クリトリスとヴァギナだけではありません。

ここも重要な性感帯です。

○ヘアを指でとかす

○キスする、大きく吸う

○手で包みこむようにし、恥骨全体を揉む、揺らすように動かす

同時に片方の手や指、口や舌などを使ってヴァギナを刺激すると

さらなる快感を呼び起こします。

外陰部

女性によっては、ここがとても感じる方もいます。

○手のひらで大きく揉む、さする

○全体を大きく吸う、舐めあげる

○大陰唇、小陰唇の端にそって、さすりあげる、舌先を細くして強く舐める

KYOKO'S HINT

髭をはやしていらっしゃる方ならば、髭で全体を刺激するのも良いでしょう。

チクチクした感触を好む女性もいらっしゃいます。

クリトリス

クリトリスは、女性のからだの中で最も敏感な部分と言ってさしつかえないでしょう。
男性のからだにおけるペニスのようなもので、興奮すると大きくなり、
逆に感じていなければ、縮みます。また、十分に感じると、上下に痙攣を起こします。
ポイントは、舌、唇、歯、指を巧みに使い、
力加減、スピード、動き、方向を変化させながら愛撫することです。

クリトリスの愛撫

指を使って

○円を描くようにさする、上下にこする、軽くつまむ、軽く押し付けるように揉む

○人差し指と薬指で外陰部を押し開き、クリトリスの包皮を剥きながら指で愛撫する

ラブ・ジュースが出ている場合は、それを利用して滑らせながら行ってみる

舌を使って

○円を描くようにクリトリスの先端、また周りの部分をともに刺激する

KYOKO'S HINT

回転の方向にも注意しましょう。
右回りに反応する方もいれば、左回りが好きな方もいます。
両方が好きな場合は、左回りと右回りを交互に繰り返しましょう。

○舌先を使って、すばやく舐める、ゆっくりと舐める

○舌のざらざらした表面を使って、全体を強く舐める、弱く舐める

○左右に、弱く～強くを繰り返しながら舐める

○クリトリスを唇で吸いながら、舌で刺激する

○唇または歯でクリトリスの包皮を剥き、舌を左右に動かす

KYOKO'S HINT

包皮を剥くことによって、クリトリスは驚くほどの快感を呼び起こされます。
クリトリスは敏感な場所です。傷つけないよう十分に注意をはらってください。

ヴァギナ

ここまでで十分に感じていれば、ヴァギナからはラブ・ジュースが溢れているはずです。

ですが、中にはラブ・ジュースの分泌が少ない方もいらっしゃいます。

そのような場合には、ローションなどを利用して愛撫しましょう。

また、十分にクリトリスを愛撫しないうちに膣を刺激すると、
クリトリスの快感が薄れてしまいます。

クリトリスの愛撫から挿入へ

○舌先をヴァギナに挿入する。この時、鼻でクリトリスを刺激しながらやると良い。
○お腹の部分にあるGスポットを、指の腹で刺激するように、
はじめはゆっくり、次第に速く出し入れする
指の本数、強さ、速さは女性の好みに合わせましょう。
○挿入した指を、横に動かす
○指を入れたまま、舌でクリトリスを舐める

○人差し指と中指を、指の腹を女性のお腹方向に向けるようにして挿入する

２本の指を自分のほうに曲げ、交互に動かす。

舌や口でクリトリスを刺激しながら行うと、興奮はいっそう高まります。

○口で女性器を刺激しながら、指で乳首を刺激する

ほかにも、相手の好みによって、様々な方法が考えられます。

お二人で一緒に新しい快感を探してはいかがでしょう。

アヌス

アヌスもまた、快感スポットです。
オーラルセックスの際にアヌスへ同時に刺激を与えると、
新たな興奮が生まれることもあります。
また、アヌスは8の字筋で膣とつながっていますので、
ペニスを挿入している際にアヌスに刺激を与えると、
膣全体がキュッと締まります。
ですが、好まない方も多いので、
必ずしてよいか聞いてからにしましょう。

シックスナイン

シックスナインは、パートナーとの身長差によって、
上手くその形にならないことも往々にしてあります。
どちらかがその体勢がキツイようでしたら、無理をしてなさる必要はないと思います。
ただ、そのシチュエーションに燃える男性は多いようです。
パートナーが望めば、してさしあげるのもよろしいかと思います。

KYOKO'S HINT

わたくしの場合は、一般的なシックスナインよりも、
仰向けに寝た男性の顔の上にまたがった姿勢で愛撫されるほうが好みです。
この際、男性は舌や唇や、指などを使って、ヴァギナはもちろん乳房、
太ももなどを愛撫します。

アフタープレイ

SEXの後、お互いにいたわり合うことも、
フォアプレイとおなじように大切な行為です。

Level 3　②

フォアプレイ②
クレバーに誘う方法

♥前戯はベッドの中だけで行うものではありません

♥素晴らしいLOVE&SEXを実践している方は、心理学のプロフェッサーです

♥KISSは最高の前戯

♥KISSのアプローチ

♥レストランで前戯

前戯はベッドの中だけで
行うものではありません

ＳＥＸは、「こうでなければならない」という決まりごとはない、
とわたくしは考えています。
これはすべてにおいて言えることですが、
堅苦しい考えからは、新しい発見や感動は生まれません。
ＳＥＸにおいても、心を柔軟に、自分の心に素直に従うことで、
新たな快感や深いリレーションシップが生まれるのではないでしょうか。

前戯に関しても、同じことが言えます。
前戯というと、インサート＝結合の前に行うもの、
と思っている方も多いことでしょう。
確かにそのとおりですが、わたくしに関して言えば、
それはもっと広範囲の行為……
男性と女性が出逢い、ときめきを覚えた時点から……それは始まっているのです。
前戯は、ベッドの中だけで行うものではありません。
日常の場もまた、前戯の舞台となりえるのです。

素晴らしいＬＯＶＥ＆ＳＥＸを実践している方は、心理学のプロフェッサーです

あなたがパートナーとより良い時間を過ごしたい、
また、素晴らしい男性を自分のものにしたいと願うのであれば、
男性の心理をよく理解することがポイントになります。
その差はありますが、男性は元々『支配欲』の強い生き物です。
それは太古の時代〜狩猟を行っていた時代〜から、男性が持って生まれたものです。
わたくしの経験から申し上げますと、
欧米系の男性よりも、アジアの男性、特に日本人男性にその傾向が強く、
ＬＯＶＥ＆ＳＥＸに関しても主導権を握りたがる傾向が強いようです。
まず、このことを念頭に入れておくと、
上手なアプローチの仕方がわかってきます。つまり、

KISSは最高の前戯

わたくしにとってキスはコミュニケーション。二人の愛の対話です。
頬にする親愛のキス、足の指にするセクシャルなキス……
キスには様々な表情があります。
キスは全身で行う愛情表現。最高の前戯です。
ですが、日本人……特に男性の方は、
ハグ&キスの文化で育った欧米系の方々と違い、
キスが苦手な方が多いようです。
さりげなくその状況に応じたキスができないように思うのです。
キスの種類はもちろん数多くありますが、
重要なのは、自然にできるようになること。
そうすればもっと深く心を分かち合えるはずです。

最初のキスで相性がわかる

わたくしは最初のキスで相手とのつきあい方が変わります。
なぜならキスが合わない人とは
セックスの相性も合わないことが多いからです。

KISSのアプローチ

キス、それはこの後の二人を予感させるファンタジーに満ちた前戯。
すでに肉体的にも結びついている二人ならば、
それは比較的上手くすすむことでしょう。
ですが、つきあって間もない二人の場合は？
わたくしのように、自分からキスをするケースもある人はいいのですが、
まだまだブリッコカルチャーが根強く人気のある日本では、
なかなか女性から……というのは難しいことかもしれません。
また、『支配欲』が強く『保守的』な方で、
女性からの直接的なアプローチを好まない男性の場合は、
常に男性がリードしているように思わせることがポイントでしょう。
二人がデートをしている間、男性はキスのチャンスを狙っています。
ですから、女性側はそのチャンスを作ってあげること。
それには、まず、さりげなくからだを接近させるシチュエーションを作ることです。

唇はもちろん、口の中はすべてが性感帯です。
キスの際には、唇以外の部分も愛してあげてはいかがでしょう？

○口蓋（口内の天井部分）
舌でさわってみると、くすぐったい部分。
舌先で刺激してみましょう。

○歯ぐき
歯と歯ぐきの境目を舌でなぞるように。
表側だけでなく裏側も。

○舌を絡める

○ベロフェラ
パートナーの舌を咥え、フェレイシオのように吸いあげピストン運動を。

レストランで前戯

レストランでお食事の途中、わたくしはしばしば、
キスやイーティングごっこなどをすることがあります。
それはもちろんさりげなく、ですが。
そしてものすごくいとおしくなった時に、
わたくしの脚は、
彼の脚から～その大切な部分にまで到達してしまうことがあります。
足の指でジッパーを下げ、指を使いながら愛撫していると、
彼のペニスもだんだんと大きくなって・・・
その時の彼の喜びの苦痛の顔がまた、わたくしを興奮させるのです。
彼に恥かしい思いをさせないように、どこまでやるかの加減が難しいのと、
マッスルの弱い方ですと脚がつってしまうことにもなりかねませんので、
誰にでもできる前戯ではありません。
ですが、このような予想外のシチュエーションは、
男性のファンタジーをより喚起させるものなのです。

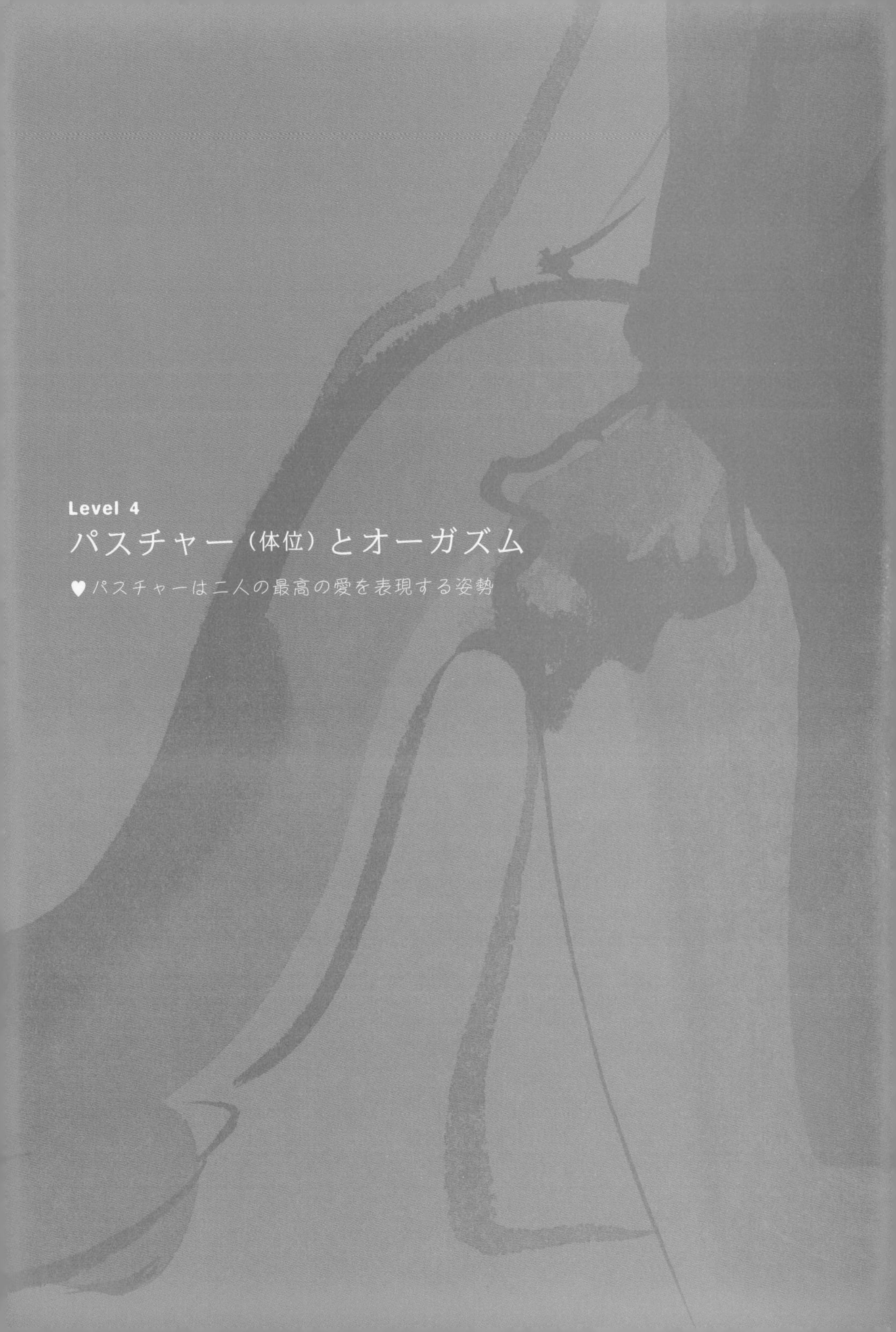

Level 4

パスチャー（体位）とオーガズム

♥パスチャーは二人の最高の愛を表現する姿勢

パスチャーは二人の最高の愛を表現する姿勢

SEXとは、愛の極限の表現。
パスチャーとは、その行為から自然と生み出されるポジショニングに
ほかなりません。
ですから、正常位しか経験がないという方が、
「自分はほかの人と違うのではないか」と心配する必要はありませんし、
1回のメイク・ラブに
何種類も体位を変えなければならないということもありません。
ましてや、自分が不快だと感じるような体位をする必要はないのです。

大切なのは、お互いが最も心地良いと感じられること。
心身ともに最高の愛に包まれることなのです。

ですが、もしあなたが、いつものパスチャーでは
気持ち良くなれない、
彼の好きなパスチャーは自分のベストのパスチャーではない気がする、
オーガズムを感じたことがない、などという場合には、
新しいパスチャーにチャレンジしてみるのが良いでしょう。
あなたの好みはもちろん、あなたのヴァギナの形と奥行き、
そしてパートナーのペニスの形と長さなどによって、
同じパスチャーでも様々な愛のハーモニーが誕生します。
二人にとって最高のパスチャーを見つけられるはずです。

基本的なパスチャーを少し工夫するだけで、マーヴェラスな快感が生まれます。

パスチャーに関して申し上げますと、わたくしは、そんなにまでアクロバティックにする必要はないと考えています。シンプルでありながら、内容の濃いＳＥＸを重要視しています。ですから、アクロバティックに次々変えるよりも、ひとつのパスチャーを自然な流れで変化させていくほうがわたくしの好みです。

ただ漫然とパスチャーの数をこなすよりも、自分のブレインとマッスルをクレバーに使うことによって、快感はさらに高めることができ、さらには美しいボディをメイクすることができるのです。たとえば基本的なパスチャー（正常位、後背位、騎乗位）でも、ほんの少し違う姿勢に変えるだけで、ヴァギナの中で角度や締め具合などが、大きな変化を遂げることをご存知ですか？　そして、ほんの少しご自分のマッスルを意識するだけで、快感とともにボディのエクササイズをもできるということを。案外普通にやっていることから発見できた新しい快感は、言いようもない歓びを与えてくれるはずです。

ここでは、正常位、後背位、騎乗位といった、ポピュラーなパスチャーをベースに、それぞれ連動でできる「シェイプアップしながらセックスの技も磨く」パスチャーをご紹介します。

ポイントは、パスチャーをチェンジする際に、
つながったままの状態で姿勢を変えること。

■正常位を使った、「腰周り全体を引き締めるアップダウンSEX」

同じ正常位でも、女性が腰を浮かすことによって、ヴァギナの中のマッスルを締め、腰周り全体を引き締める効果的なエクササイズになりえます。ご自分の思うマッスルをすぐさま動かすには、もちろん、メンタリティーとからだとが上手くコミュニケーションできている必要があります。

KYOKO'S SPECIAL
「シェイプアップしながらセックスの技も磨く」パスチャー

●正常位の基本スタイル

●自分の力で腰を上げるスタイル。Level 2でご紹介したエクササイズそのものです。これは腰周りすべてのマッスルを使いますので、ヴァギナの中がかなり締まる状態になります。

[KYOKO'S HINT]
あなたとパートナーの好みの高さを探してみましょう。上手くできるようになったら、腰の上げ下げにもチャレンジしてみてはいかが？　微妙な動きでも違う角度で締めあがるので、男性もとても気持ち良いはずです。

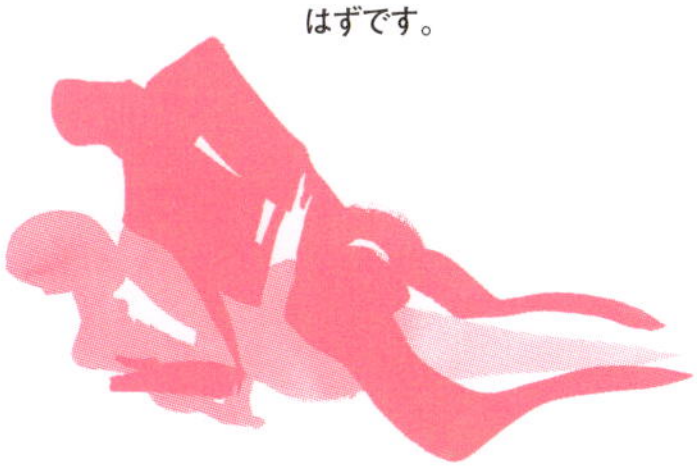

●開いていた脚を太ももの内側を意識しながら閉じると、ヴァギナをより締めた状態にでき、クリトリスへの刺激も高まります。

[KYOKO'S HINT]
ただ、これはペニスの長さがある程度必要ですので、長さに不安がある場合は行わないほうがよいかもしれません。ペニスが途中で抜けるとシラケてしまいますでしょう。

■後背位を使った「しなやかな背中を作るヨーガSEX」

動物的なスタイルで、視覚的&感覚的にもワイルドな気分が盛りあがる後背位。
わたくしはヨーガのポーズを取り入れて、
エクササイズをしながらヴァギナの中の変化を楽しんでいます。

KYOKO'S SPECIAL
「シェイプアップしながらセックスの技も磨く」パスチャー

A 四つんばいになる、基本の「犬のポーズ」

[KYOKO'S HINT]
一説には、Gスポットで快感を得るには、正常位より後背位が向いていると言われています。女性も腰を左右に動かせば、腰周りの引き締めにもつながります。

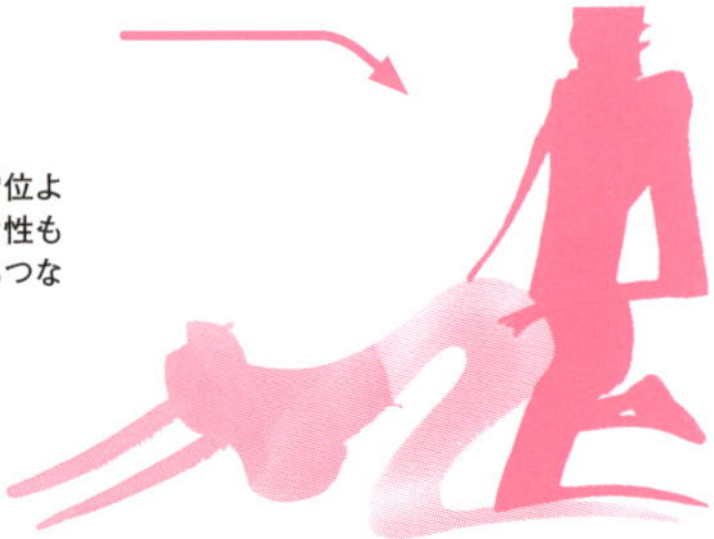

B そのまま流れこんで、ヒップをキュッと上げた「猫のポーズ」に。見た目の差はわずかですが、ペニスが当たる部分が変わるので、違った感覚が楽しめます。

[KYOKO'S HINT]
ヨーガでいう「猫のポーズ」は、背筋の引き締めに効果的です。両手をできるだけ前に伸ばして、背中を伸ばすよう意識して行いましょう。

C つながったまま、横になり、「シュリンプのポーズ」に。からだをまっすぐ→丸めることで、ヴァギナの形も変化しますので、A・Bとは異なる快感が訪れます。

[KYOKO'S HINT]
背中の丸め具合、からだの距離によって、また違った感覚が楽しめます。男性に守られているようで女性的には安らぎを得られるスタイルではないでしょうか。

■騎乗位を使った「ボディ全体を引き締めるジャジャ馬SEX」

KYOKO'S SPECIAL
「シェイプアップしながらセックスの技も磨く」パスチャー

A 女性が男性の上に乗り、自由に腰を動かせる体位。基本は向き合ったこの形になります。腰の回転に加えて、背中を反らす、上体を前に倒す、など、本当に乗馬をしているような気持ちでアグレッシブに動いてみましょう。

[KYOKO'S HINT]
この時、あいている手を使って愛撫しましょう。女性から男性へは、人差し指と中指でV字を作り（自分がやりやすい指の合間でかまいません）、ペニスの根元を挟み刺激しながら動く。男性から女性へは、乳房を刺激する、クリトリスを刺激するなど、からだ全体で愛を伝え合うことは重要なことです。

B つながったままの体勢で、逆向きに。

[KYOKO'S HINT]
からだを支えていた手と膝をはずし、大きく脚を開いて、つま先立ちで上下運動を行います。スクワットのように下半身を締め、ヒップアップできるエクササイズになります。

C つながったまま、男性の上に仰向けに寝る、ライトな「ブリッジのポーズ」に。

[KYOKO'S HINT]
この時、男性に体重をかけずに寝るように意識します。背筋や腹筋を使いますし、からだを反らす際、ヴァギナの中はスポイトのようにペニスを吸いあげる形となり、素晴らしい作用を与えることができます。

オーガズムについて

「オーガズムがわからない」「オーガズムらしきものには達するけど、噂で聞くほどすごく気持ちのいいものじゃない」……このような話を聞くことがあります。わたくしは自分のからだをきちんと理解しているためでしょう、必ずSEXにおいてオーガズムに達します。ですが、それでもレベルの差はあります。

わたくしが最高に感じる時には、まずヴァギナと一緒にわたくしのからだもねじれるような感覚に陥り、続いて自分の脳もからだもなくなって宙を漂っているような、なんとも表現しがたい幸福の極地、トランス状態になります。マラソンなどで途中から気が飛んでしまう、ランナーズ・ハイがその感覚に近いでしょうか。けれども毎回究極の境地に達さないからといってがっかりする必要は全くないと思います。


オーガズムに達しない原因は、お互いのボディコンディションやメンタルコンディション、セックスタイミングの違いなど、様々なことがあげられます。

いったい何が原因だったのか？

次のより良いSEXのためにも、また自分のからだの状態を知るためにも、その原因を考え、パートナーとオープンに感想を語り合うことが必要です。それによって、愛情も快感もさらに深まることでしょう。

Level 5

～さらに美しくなる SEXのヒントQ＆A～

♥ほんの少しの工夫で、二人に快感が訪れます

ほんの少しの工夫で、二人に快感が訪れます

もし、パートナーとのＳＥＸが思ったより良くなかったとしても、
早合点して悩むことはありません。
それらのほとんどは、ほんの少しの工夫で、克服できることが多いのです。
以下は、わたくしの経験則からお答えしていますので、
すべての方に当てはまらないこともあるかもしれません。
ですが、二人の愛を再構築し、
ひいてはあなたをより美しくするヒントになると思います。

Q　挿入する際に、パートナーのペニスが、急に小さくなってしまった

A　まだお互いに慣れていないSEXの際に多く起こる現象です。
緊張のためがほとんどと言えるでしょう。
こういった場合に、男性はその場をなんとかしようとして何度もトライしますが、
ますます緊張し、悪循環になりかねません。
女性のあなたから、話題をそらすようにしましょう。
たとえば、「まだ見ていないDVDがあるのよ。見ましょうよ」といった風に。
女性がその気をそらし、DVDを見ていると、男性の心理とは不思議なもので、
向こうからまた、求めてくるようになるものなのです。
もちろん、今度はパーフェクトに……（笑）
また、この時にオレンジジュースやグレープフルーツジュースなど、
ビタミンCたっぷりの柑橘系のジュースを一緒に飲むのも、
ペニスを元気にさせるのに役立ちます。
この場合、キウイは男性機能を衰えさせるので避けましょう。
決して責めてはいけません。ペニスはプライドでできています。
責めればますます萎縮させるだけです。

Q 相手のSEXの好みがわかりません

A

①自分がエロティックだと思う映画を借りてきて、パートナーの反応を見てみる。
そこから自然にSEXの話ができるかもしれません。

②マスターベーションの見せ合いをする。
パートナーがクライマックスに至るまでの感じる場所、動き、強さ、タイミングなどが、とてもよく理解できるはずです。

これは初心者の方には大胆な方法ですが、前戯の流れで軽く誘ってみると、意外とスムーズにできると思います。

ちょっと恥かしいという方には、それよりももう少しソフトな方法、

③「アスキング・ゲーム」はいかがでしょう。
これは、自分がして欲しい行為を彼にしてあげる、彼がして欲しい行為をあなたに行う、という遊びです。これならば、言葉にすることが難しいという方でも、スムーズに伝達できるはずです。

※より詳しくお知りになりたい場合は自著『トリオリズム（3P）』をお読みください。

以上は、あくまでもわたくしの方法です。

ほかにも、二人のSEXをさらにエンジョイできる方法があると思います。

皆さんのライフスタイルや感覚に合った、"二人だけの愛の方法"を、考えてみてはいかがでしょう。

Q　SEXがマンネリ気味で全然気持ち良くありません

A 自分が飽き飽きしているということは、
相手も同じように感じているケースも少なくはありません。
お互いにそう思っているからこそ、余計に快感が得られないのです。
たとえば、相手がセクシーなランジェリーが好きなら、意識して身につけてみるなど、
今一度彼のSEXの好みを再確認し、女性からさりげなくアプローチすること。
そこからまた、今まで感じえなかった新たな快感が生まれることもあるかもしれません。

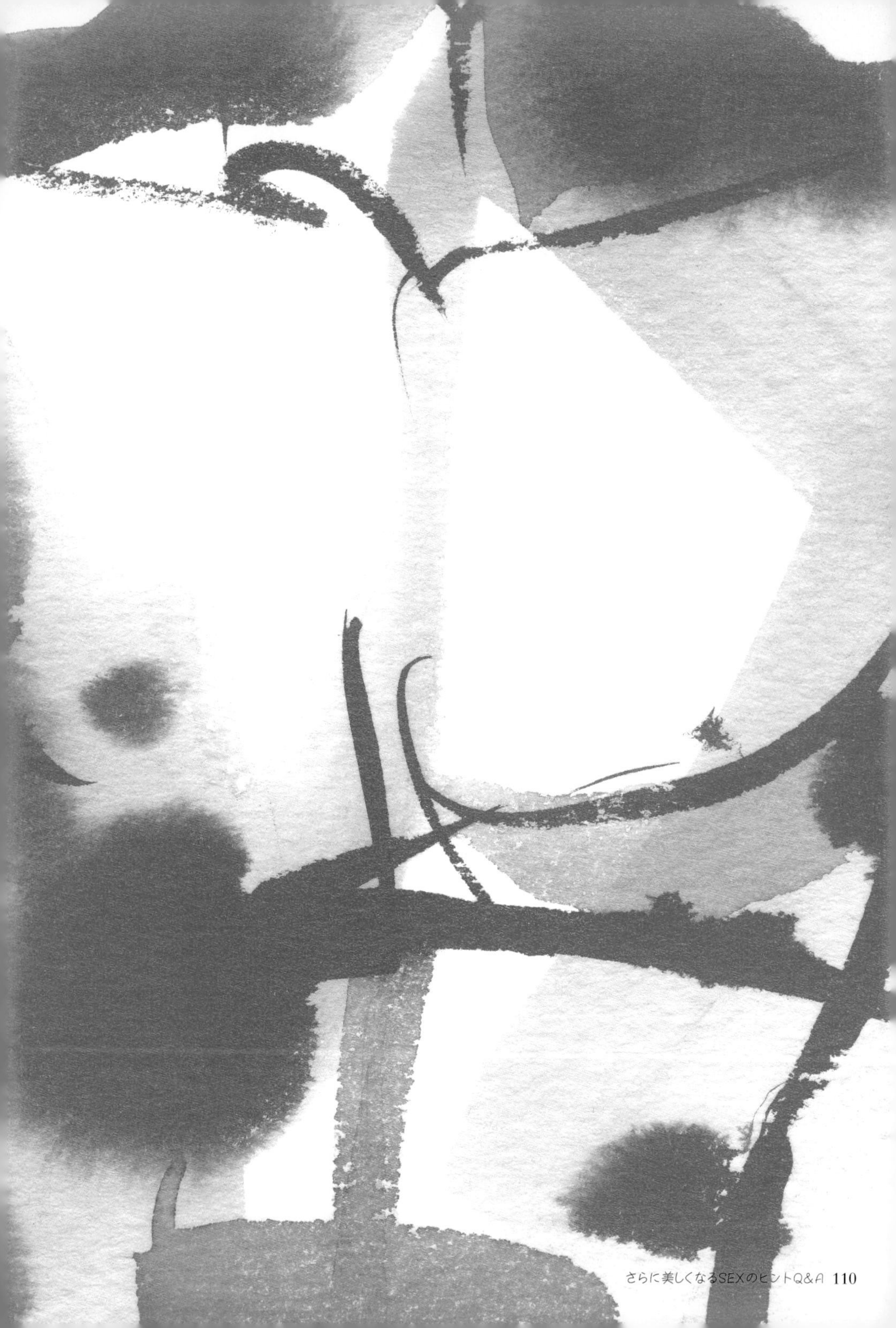

Q　パートナーとサイズや位置が合わないみたい

A　パートナーのペニスが長く、深く挿入しても余ってしまう場合。
もしパートナーのペニスが根元まで入らない場合は、
挿入時に根元を手で握り、グリグリしてみましょう。
握った手の部分がご自分のクリトリスや女性器にも当たり、
あなたの快感を高めることになるかもしれません。

物事に「普通」はありません
SEXも同じではないでしょうか

エキサイティングなオアソビは、
未知なる愛のスパイス

ここまでお読みになり実践していらっしゃった方ならば
すでにご承知のことと思いますが、
SEXとは、お互いをより深いところで知るためのものです。
その基本は、パートナーを喜ばせ、自分も喜ぶことのできるリレーションシップ。
そのためには、「やってはいけないかもしれない」
「そんなことはいけないこと」などという固定観念を捨て、
フリーなスタンスを持つことが大切です。
愛し合い慈しみ合い、SEXの本質と歓びを十分に知りえたお二人でしたら、
未知なる愛のスパイスを楽しんでみるのも良いでしょう。
お互いが興味を持ち、試し、研究することによって、
さらに深い快感とリレーションシップが得られるはずです。
そのためには、何もアクロバティックなことをすることはありません。
お互いの欲求を素直に満たし合う、それだけです。
答えは、意外とシンプルなところにあります。
ここでは日常的にわたくしが楽しんでいるアソビをお伝えしましょう。

ソフトSM

SMというと、ムチで叩く、ヒモで縛る、ローソクを垂らす……。
そういう風な行為であるという先入観が広まっているようですが、
それがすべてではなく、そしてそれがアブノーマルと決めつけることでもないと思います。
SMの関係とは、極論はメンタル面がすべてなのです。
Sとは、やみくもに相手に痛みを与えて興奮するのではなく、
自分の支配下で自分から湧き出るアイデアをぶつけ、
相手が反応することに歓びを見出すことなど。
一方Mとは、自分の弱さや情けなさをさらけ出したい、
甘えたいというメンタルをさらけ出すことなど。
いずれも、SEXにおいて、自分自身の本質を相手にさらけ出すことなのでしょう。
ですから、SMを知るということは、自分を知り、相手を知る、という
基本的なコミュニケーションのひとつの手がかりになるはずです。
また、SMプレイは、活用の仕方によっては、
ノーマルなSEXのスパイスとしても、素晴らしいスパイスになるでしょう。

ストッキングでソフトSM

からだの一部を拘束するSM的な行為は、
心理的な興奮を喚起します。
わたくしは普段ストッキングは穿きませんが、
ベッドサイドには一組、用意してあることもあります。
パートナーにわたくしの手を縛らせたり、
またはその逆だったり……
を楽しむためです。
実際わたくしはそういった方面でも
ありとあらゆることを楽しんでいますが、
一般に楽しむ場合には、
この方法がよろしいかと思います。
ストッキングですと、ソフトな素材ですので
不慣れな方でも扱いやすいですし、
女性が入手しやすいという点でも
良いのではないでしょうか。

シルクのスカーフでソフトSM

スカーフ（できればシルクのセンシュアルな質感が良いでしょう）で目隠しをされてのSEXも、また心理的な興奮を呼び起こします。
人間には、五感というものがありますが、
そのうちのひとつが奪われると、他の感覚がいっそう研ぎ澄まされるのです。
ヴァギナの触感はもちろん、肌という肌すべてが震えるほど感じるようになり、
聴覚や嗅覚もいっそう敏感になります。イマジネーションもかきたてられるのです。
自由を奪われることは、イマジネーションという究極の媚薬を生む、
エロティックなプレゼントなのです。

最後に

美しさとは、本能の持つ生命力が輝きいずる姿である、
とわたくしは思っています。
その本能の持つ美しさを引き出してくれるのが、
愛と歓びに溢れたSEX＝LOVE POWERであるということは、
本書で触れてきたとおりです。

LOVE POWERを最高の状態にひきあげるためには、
まず第一に、ボディもメンタルも含め「自分自身をよく知ること」。
常々わたくしが申し上げているように、
これは人生のすべてにおいて必要不可欠なことです。
自分を知らずして、正しい選択はできませんし、正しい決定はできません。
それを知った上で、第二に必要となるのは、彼はどう感じるのか、
どのタイミングがいいのかといった、「パートナーのことをよく知ること」。
そのためには、パートナーへの思いやりと正直さがすべてです。

そして第三に必要なのが、
「すべての状況を把握して判断できる賢さ、スマートさ」です。
彼の状況、自分の状況を考慮し、高め合い歓び合いながら、
常に自分らしい愛のスタイルを持ち続けること。
これが大切なことなのです。

あなた自身の愛のスタイル、それこそが唯一無二のＳＥＸバイブル。
あなたのＬＯＶＥ　ＰＯＷＥＲがさらに輝くことを願いつつ……。

叶恭子

KYOKO KANO
Super BEAUTY
Love & Sex

2007年3月31日　初版第一刷発行
著　者　叶恭子
発行人　海老原高明
発行所　株式会社小学館
〒101-8001
東京都千代田区一ツ橋2-3-1
電話　編集　03-3230-5976
販売　03-5281-3555
印刷所　凸版印刷株式会社
製本所　株式会社　難波製本

ISBM　978-4-09-379748-1

写真：大川直人　イラスト：百田まどか　ブックデザイン：及川和弘(NPC)　プロデュース：古川陽子(PONY CANYON)
販売：新里健太郎　宣伝：藤岡徳郎　制作：西手成人　編集：和阪直之